Bernadette Saphira Huber

Meine Ziele, mein Schutzengel und ich

Bernadette Saphira Huber

Meine Ziele mein Schutzengel und ich

Mit deinem Engel kannst du *alles* schaffen, *was du willst*

SILBERSCHNUR VERLAG

MIX
Papier aus verantwortungsvollen Quellen
FSC
www.fsc.org
FSC® C014138

ISBN: 978-3-89845-497-1

1. Auflage 2016

Gestaltung: XPresentation, Güllesheim; unter Verwendung verschiedener Motive von www.fotolia.de: © LenLis, © Alexander Potapov, © Caroline Devulder
Druck: Finidr, s.r.o. Cesky Tesin

Verlag »Die Silberschnur« GmbH
Steinstraße 1 · D-56593 Güllesheim
www.silberschnur.de · E-Mail: info@silberschnur.de

Widmung

Ich widme dieses Buch als Erstes meiner Großmutter Irmgard, die mich mit aufzog und die mit ihren 93 Jahren eine begeisterte und wunderbare Zuhörerin meiner Lesungen ist. Sie hat dazu beigetragen, mir auf dieser Erde Wurzeln zu schenken. Dank ihrer gottgegebenen Vitalität in solch hohem Alter kann ich während der Entstehung dieses Buches mein Heilkraftzentrum *spURvertrauen* eröffnen. Sie nahm einen kurzzeitigen Umzug in Kauf, um Abriss und Neubau zu beginnen. Ich danke ihr von ganzem Herzen für diesen großen Schritt, den sie für mich und meine von ihr so geschätzte Arbeit getan hat!

Ebenso widme ich das Buch dem Rest meiner Familie – ohne ihre großartige Unterstützung wäre mir all dies nicht möglich gewesen. Danke von ganzem Herzen!

Inhalt

Vorwort

»Am Anfang war das Wort, und das Wort war bei Gott – und das Wort war Gott.« Das ist ein allen bekannter biblischer Satz, den ich hier zitiere. Ich möchte – um die Tiefe dieses Satzes aufzuzeigen – diesen Satz ergänzen: »Am Anfang war das Wort, und das Wort war bei Gott – und das Wort war erfüllt von Gottes Kraft und somit fand das Wort Erfüllung. Diese Wortenergie war Teil des Schöpfers und Schöpferakt zugleich.«

Ist nicht jedes Wort ein Anfang, so wie jeder Tag ein neuer Anfang ist? Sind wir nicht alle Abbilder Gottes, die diesen Anfang tagtäglich viele Male erschaffen. Und war und ist nicht ein Engel an der Seite jedes Geschehens, um diesen besagten Anfang ganz nach dem göttlichen Plan zu lenken? Sind nicht alle Geschehnisse begleitet von einem himmlischen Wesen, das, wenn der schöpfende Teil sich im Glauben und Vertrauen dem Himmel öffnet, in den Verlauf des Geschehens eingreifen darf? Ich glaube ganz fest daran, dass alles beseelt ist – dass alles Beseelte einen göttlichen Funken in sich trägt und dass alles Beseelte in jedem Moment als Schöpfer wirkt, um sich in einer Welt der Bewusstwerdung zu erschaffen und zu erfahren. Alle Materie ist eine Art Gefäß, gefüllt mit einer sich stets wandelnden Energie, die EIN großer Geist durchfließt. Und somit ist jedem jederzeit alles möglich, jeder kann jederzeit alles verändern und wandeln – sogar heilen. Ebenso glaube ich ganz fest daran, dass ein himmlisches Wesen – ich nenne es Schutzengel – an der Seite von allem Beseelten wandelt, um darauf zu achten, dass es sich, dem Plan des großen Geistes nach und als Arm Gottes wirkend, immer mit der Urkraft verbinden kann. Es achtet darauf, dass es – dem eigenen Willen und Bewusstsein nach – mit höheren Energien aus den Himmeln erfüllt und dadurch lichtvoll geführt wird.

Wenn ich so in meinem Leben zurückschaue, dann wird mir meine Rolle als Schöpfer, der in Verbindung und im Vertrauen zu seinem Schutzengel und der Himmelswelt kreiert, ganz bewusst. Ich erkenne, wie ich als Schöpfer – oft aus veralteten Mustern heraus – meine Herausforderungen erschaffen habe, um genau durch diese Herausforderungen an meine Kraft zu kommen. Die größten Steine, die mir bisher in den Weg gelegt wurden, haben mich in meiner Sehnsucht, sie zu überwinden, immer näher an meine Herzensenergie gebracht und mir schließlich meinen Schutzengel als Verbindung zur Himmelswelt aufgezeigt. Diese Verbindung möchte ich nicht mehr missen. Eine Verbindung von Himmel und Erde, aus der ich schöpfen kann, von der ich mich führen lassen kann und auf die ich vor allem voll und ganz vertraue! Auch wenn ich den Sinn des Weges, den ich geführt werde, oft nicht in jenem Augenblick verstehe, so ist es immer ein Gewinn, den ich daraus erfahre – sei es der Ausgang der Situation oder das Erkennen und Bewusstwerden von Ursache und Wirkung. Wie genau dieses gemeinsame Erschaffen und Schöpfen vor sich geht, erfährst du in diesem Buch. Daneben werde ich dir ein visuelles und energetisches Werkzeug an die Hand geben, um deinen Herzenswunsch zu manifestieren – in Verbindung mit deinem Engel kannst du alles schaffen, was du von ganzem Herzen willst!

Doch es gibt Verschiedenes, das ganz tief verborgen liegt und das uns in unserem schöpferischen

Akt nicht so walten lässt, wie wir es aus unseren bewussten Gedanken heraus wählen. Einer dieser Punkte ist: Das Unterbewusstsein muss uns den Wunsch als wahr abnehmen. Denn wenn man versucht, sich durch Affirmationen etwas einzureden, was man selbst nicht als seine Wahrheit fühlt, dann wird es ein wahrhaft langer Weg, dies zu erschaffen. Viele Muster aus längst vergangener Zeit laufen in unserem Energiekörper ab, die in dieser neuen Zeit nicht mehr gebraucht werden. Diese gilt es, im Unterbewusstsein umzuprogrammieren, so dass wir die gewünschten Veränderungen fühlbar als unsere Wahrheit annehmen und erschaffen können. Der Weg dorthin bringt uns stets ein Stückchen näher zu uns selbst. Bleiben wir immer im Vertrauen auf die Hilfe der Engel, so ist der Kanal für das himmlische Wirken stets offen und wir werden alle unsere Themen zur rechten Zeit erkennen und unserem Lebenssinn entsprechend verändern können – alles zu seiner Zeit.

Weil die Welten nicht getrennt voneinander existieren, sondern für den Menschen nur in zwei Welten unterteilt zu sein scheinen, fließt alle Kraft und Energie in jener und in dieser Welt – weil es nur EIN Ganzes gibt. Stellen wir es uns vor wie eine Art übereinandergelegte Energiestufen. Wir haben Zugang zu allen Arten von Energie, da sie ja in uns (wie in allem) fließen. Doch erst wenn wir uns energetisch in eine bestimmte Sphäre erheben, dann schwingen wir uns auf diese Energiestufe ein und nehmen sie wahr. Unser Schutzengel hat Zugang zu allen Welten und ist in Resonanz mit allem, was aus dem Licht kommt und was in das Licht eingeht. Öffnen wir ihm also im Vertrauen unser Herzenstor, so schwingt ER in der Energie, die wir erbeten und die wir benötigen, um den erbetenen Prozess zu erschaffen. Wenn wir auch selbst nicht die nötige Kraft verspüren, um einen Weg zu gehen – Vertrauen verbindet uns mit einer Quelle, die uns mit allem erfüllt, was wir brauchen, um den Weg zu gehen und um in unsere Kraft zu kommen. Wir sind Schöpfer – entsandte Urkraftseelen des Lichts –, die so viel mehr erschaffen können, als sie sich selbst je erträumt haben. Glaube sowie das Vertrauen in die eigene Kraft und in ein göttliches Geführtsein – dies hilft uns dabei, unsere Ziele zu erreichen.

Doch daneben helfen uns noch ein paar wichtige Dinge auf diesem geheimnisreichen Erdenweg hin zum Licht. Wie heißt es so schön: Hilf dir selbst, dann hilft dir Gott. Das ist die Wahrheit, die ich in meinem Herzen trage. Es bedeutet, seine eigene göttliche und schöpferische Kraft anzuerkennen – sich bewusst zu werden – und ins Tun zu kommen. Wir sollten nicht erwarten, dass alles für uns getan wird, sondern die Bereitschaft zeigen, das zu machen, was wir selbst tun können. Daneben können wir bitten, dass die Himmelswelt das tun möge, was sie dazu beitragen kann, damit wir die Ziele unseres Herzens erreichen.

Wir sind alle auf demselben Weg – dem Weg in ein neues Bewusstsein, auch wenn jeder im Außen seine Welt ganz individuell wahrnimmt. Und auf diesem Weg ins neue Bewusstsein durchwandern wir alle die Berge und Täler des Lebens. Wir gelangen in die tiefsten Tiefen, um darin zu erkennen, dass wir uns dafür entscheiden dürfen, den Weg zum nächsten Gipfel zu beginnen – Schritt für Schritt. Und wir erreichen die höchsten Berge, um dann zu erfahren, zu was wir fähig sind und wie sich das Glück des Augenblicks anfühlt, das wir Schritt für Schritt, zusammengesetzt aus vielen Augenblicken und Energien, die stets das Ziel kreiert haben, als Schöpfer erschaffen haben. Gerade in Tälern mit wenig Licht und eisiger Kälte neigen wir Menschen, die wir unsere Himmelsflügel allzu oft vergessen, dazu, die Hilfe und die Kraft für den Weg nach oben – den Weg hinaus aus dem Tal – im Außen zu suchen. Überall dort, wo sich Lichter zu erkennen geben, hoffen wir, eine Hand ergreifen zu können, die uns auf den nächsten Gipfel befördert. Doch das ist nicht der Sinn der Erdenreise! Der tiefe Sinn besteht in dem Erschaffen des eigenen Lichts, wobei uns unser Schutzengel unterstützt. Es ist alles in uns angelegt – die Welt der Engel und unser Zugang zu ihr liegt IN UNS. Und von dort erreichen wir alles – weit über unsere Grenzen hinaus. Es ist alles in uns, und alles ist mit allem verbunden.

Geistige Lehrer, spirituelle Idole und so weiter, all jene, die in reiner Absicht und aus lichtvollen Sphären geführt sind, werden dir die Schlüssel geben, die dich an deine eigene Kraftquelle führen und dich für deine Verbindung zur Engelwelt öffnen – ohne dich in eine Abhängigkeit zu führen. Lichtarbeit besteht aus Impulsen, die deine Innenwelt berühren und dein Licht erwachen lassen. Und ganz wichtig: Sie werden dein Vertrauen stärken. Denn Vertrauen in die Hilfe der geistigen Welt – in die Verbindung zu ihr – und das Wissen um das Einssein im Herzen zieht wie ein Sog das Licht an. Es ist das Vertrauen in deinen nur für dich waltenden und wirkenden Schutzengel. Alle Lichtarbeit, die dich im Herzen berührt und die in dir Gefühle der Hoffnung, der Liebe, des Glaubens und Vertrauens erweckt, ist Energiearbeit, die deine eigenen Kräfte zum Fließen bringt.

Oft tragen wir unsere Themen schon seit geraumer Zeit mit uns herum – meist haben wir sie in der Kindheit aufgenommen. Sie haben uns zwischen unsere Herzen und den Energiefluss des Urvertrauens dicke Mauern bauen lassen – aus Selbstschutz. Das Unterbewusstsein vergisst nichts und will das zarte innere

Wesen, das jedem von uns innewohnt, schützen. So wird es sich eine Strategie überlegen, die all dem aus dem Weg geht, was es an einem beliebigen Ort dieser oder jener Zeit als verletzend erfahren hat. Und ich muss nicht erwähnen, dass wohl viele Menschen schon in irgendeiner Weise einem Verrat oder Betrug, einer seelischen oder körperlichen Verletzung ausgeliefert waren, die sich tief in ihre Seele eingeschrieben hat. Nun – wenn wir denken wie ein Mensch, dann sagen wir: »Das ist doch nur klug, aus dem Erfahrenen zu lernen und zukünftig dem, was verletzte, aus dem Weg zu gehen.« Doch was, wenn der bewusste Verstand längst vergessen hat, warum man dem Leben und letztendlich sich selbst nicht vertrauen kann ...? Andere werden sagen: »Wenn ein anderer wüsste, was ich erfahren musste, dann würde er genauso reagieren und sich verschließen.« Auch das mag eine menschlich völlig nachvollziehbare Meinung sein. Doch wenn wir wirklich alle unsere Seelenteile heilen wollen, dann müssen wir uns auch die Teile ansehen, die schmerzen, und sie wieder vertrauend in unsere liebende Herzensmitte nehmen – in dem Wissen, dass sie zu uns gehören. Gerade weil dort ein Schatten ist und wir die Möglichkeit haben, diesen Teil von uns zu heilen. Denn wenn wir das Herz oder den Himmel sprechen lassen, dann wird er sagen: »Alle Verletzungen – sind sie auch noch so tief –, sind ein Ruf nach Liebe in deiner Welt. Du hast die Energien gerufen, um dir dein dunkles Feld aufzuzeigen. Nun wisse, dass, wenn dein Vertrauen in uns gründet, der Weg ein anderer sein wird. Du musst den Weg nicht ein zweites Mal gehen, wenn du den Sinn erkennst. Vertraue deiner göttlichen Führung und sende Liebe in den Moment des Geschehens. Liebe um deinetwillen. Aus der Sicht des großen Ganzen tut keiner dem anderen etwas an, ohne dass jener etwas darin zu erkennen und zu lernen hat. Ist es auch ein schwer tragbares Geschenk, so wirst du die Blüten an jedem Kreuz einst in Ewigkeit blühen sehen. Vertraue und öffne dein Herz, und lass alle Liebe, nach der du dich sehnst, an jenen Ort fließen, der in den Tälern deiner Wehmut ist.« Darum erwache, gehe deinen göttlichen Weg und finde dein Vertrauen – der Himmel hat für dich gesorgt! Finde dein Vertrauen, werde ganz und heile!

Das Gebet, die Affirmation, also das gesprochene Wort, das durch die fühlbare Herzensenergie erst lebendig wird, ist der Katalysator für Wunder und ist uns als Werkzeug gegeben. Erfahre in diesem Buch mehr über dieses wertvolle Werkzeug: Wort und Herz – Schutzengel und Schöpfer. Zusammen – im Einklang – sind sie der Katalysator für Wunder – Wunder, die in Himmelssprache einfach nur »Erfüllung der Wahrheit des Lichts« heißen. Sei eins mit dem Licht, und die Herzensenergie wird deine Worte erfüllen. Es werden Wunder über Wunder in deinem Leben geschehen. Hab Vertrauen ins Licht – hab Vertrauen in deine Herzenssprache. Gib dem Verstand die Chance zu sprechen, doch beruhige ihn mit der Sanftheit des Herzens, die dir sagt, dass alles gut ist. Dann, wenn Wort und Herz eins sind, ist wieder eine Säule des Lichts auf Erden errichtet, und die himmlischen Kräfte können fließen und wirken. Dann sind Schutzengel und Schöpfer verbunden. Um die Erde zum Himmel zu erheben, muss Liebe aus den Himmeln auf die Erde fließen – die Liebe muss fließen ... Vertraue auf die Kraft der Liebe und werde dieser Fluss, der die Erde und deine wahrnehmbare Welt zum Himmel erhebt!

Schutzengel- und Schöpferkraft

Schutzengel – die Kraft aus der anderen Welt

Je nach Seelenplan und Lebensaufgabe sind jedem Menschen ein oder mehrere Schutzengel zur Seite gestellt. Seit jeher spielen diese himmlischen Helfer in vielen Religionen eine große Rolle. Diese persönlichen Begleiter wünschen sich nichts mehr, als uns Menschen beizustehen, uns unsere lichtvollen Bitten zu erfüllen und uns den Himmel auf Erden zu schenken. Ich zitiere an dieser Stelle Don Bosco, dessen Aussage mit meinem Erfühlen der Schutzengelenergie ganz eins ist: »Der Wunsch unseres Schutzengels, uns zu helfen, ist weit größer als unser Wunsch, uns von ihm helfen zu lassen!« Wenn auf unserer Seite also die Sehnsucht nach Hilfe ist, ist auf Seiten des Schutzengels eine noch größere Sehnsucht da, Hilfe zu schenken ...

Wie nun diese beiden Sehnsüchte zusammenbringen? Warum kann die Hilfe nicht fließen, wenn doch beide Seiten dafür brennen? Und da kommt der bekannte Satz ins Spiel: »Nach deinem Glauben soll dir geschehen.« Wahrer Glaube, der dem Herzen entspringt, ist begleitet von tiefem, unendlich tiefem Vertrauen in die himmlischen Kräfte ... Und dieses Vertrauen ist es, das die himmlischen und irdischen Sehnsüchte vereint und ihre Erfüllung ermöglicht. Die Energien finden sich im Vertrauen wieder. Vertrauen öffnet jene Tür in unseren Herzen, durch die die Engelkräfte Einzug halten und sich mit unseren Bitten und Sehnsüchten verbinden.

Öffnen wir uns in diesem Vertrauen den uns umschwebenden Himmelskräften, und lassen wir uns von ihnen leiten und lenken. Machen wir unser Leben dadurch reicher und leichter. Denn: Im Vertrauen liegt Leichtigkeit und Frieden!

Schöpfer – die Kraft aus dieser Welt

Gott ist der Schöpfer aller Welten – du bist ein Teil von Gott und somit Schöpfer DEINER Welt! Als Ebenbild Gottes bist du mit allen Kräften ausgestattet, die dich dem Schöpfer gleich machen. Ein Mikrokosmos im Makrokosmos. Unser begrenztes Denken und unser Zweifeln, unser Hinterfragen und Verstehenwollen lenken uns viel zu sehr von der Wahrheit »hinter« den Dingen ab. Die Wahrheit liegt tiefer – meist tiefer, als man verstehen kann. Doch nie tiefer, als man mit dem Herzen sehen kann!

Bewusst Schöpfer zu sein heißt: sich seines Schöpfens in jedem Augenblick bewusst zu sein und Verantwortung zu übernehmen. Ursache und Resonanz zu erkennen. Sich selbst als das zu erschaffen, was wir wirklich sind: Lichtwesen aus der Quelle, die ewig vor Liebe überfließt. Wir sind Wesen aus einer unerschöpflichen Quelle der Liebe, einer Quelle der Vollkommenheit. Und wir erleben uns in einer Welt der Dualität, um uns, die wir vollkommene Wesen sind, im Spiegel der Welt als Gegensatz dessen zu erfahren, was wir sind. Dadurch können wir uns aus eigener Entscheidung und Kraft, die wir dadurch in Bewegung setzen, wieder dahin entwickeln, was wir eigentlich und ewig sind: Kinder des Lichts.

In Zeiten wie diesen, in denen so viel Leid und so viele Kriege diese Welt in Kummer und Sorge versetzen, ist es umso wichtiger, daran erinnert zu werden, dass die Bilder des Kummers nicht an Trauer erinnern wollen und sollen, sondern dass all den Seelen, die in diesen Menschenkörpern inkarniert sind, von ganzem Herzen zu danken ist für ihre Bereitschaft, zu dieser Zeit auf der Erde zu inkarnieren. Sie erinnern uns an unsere Sehnsucht nach Liebe und Frieden – an den Ton, der tief in jedem schwingt und gelebt werden möchte.

»Der, der wahrhaft als bewusster Schöpfer lebt, wird seine Ernte feiern, und seine Nächsten wird er mit all den Wundern Gottes, die er erschaffen hat, verkosten und beschenken können.« Dies sagen die Engel über die Schöpferkraft des Menschen – über deine Kraft also und die Kraft in jedem Einzelnen von uns, der hier auf Erden lebt. Immer wenn du wählst, dann erschaffst du. Immer wenn du urteilst, dann erschaffst du. Immer wenn du für eine Sache einstehst, dann erschaffst du. In jedem Augenblick erschaffst du. Immer wenn du hoffst, dann erschaffst du. Immer wenn du etwas in Liebe tust, dann erschaffst du. So schaffe in Liebe und aus der Liebe heraus, denn Folgendes wurde mir durch die Engel vor vielen Jahren schon übermittelt: »Die Liebe leben setz dir als Ziel – und du erreichst wahrhaftig viel.« Und ich kann nur sagen: Wie recht sie damit haben!

Schenke dir selbst ein Lächeln,
schenke dir eine Umarmung,
schenke dir Vergebung,
schenke dir das Gefühl von Glück …
Sei Schöpfer von allen Aspekten der Liebe,
denn Liebe schenkt sich dir
tausendfach zurück!

Die Verbindung der Kräfte der Welten für die Erfüllung des Lebenssinns nutzen

Schutzengel und Schöpfer werden zu einer Kraftsäule des Lichtes, wenn sich der schöpfende Part – der Mensch – in seinem Bewusstsein dem Schutzengel vertrauensvoll öffnet und ihn durch Bitten und eine Herzensöffnung in seinem Leben willkommen heißt. Diese Verbindung, die im Herzen fühlbar eine wärmende Innenwelt erschafft, ist Werkzeug Gottes und Gott zugleich. Alle Wünsche und Sehnsüchte, die unserem Herzen innewohnen und zum Wohle der Welt bzw. auf keinen Fall gegen eine andere Person gerichtet sind, sind Sehnsüchte unseres Gottesfunkens, sich selbst zu erfahren. Und zur Erfüllung dieser beizutragen, ist eine der größten Freuden, die wir unserem Schutzengel machen können. Dafür ist er an unserer Seite.

Doch er kann nur wirken, wenn seine Energie und unsere Herzensöffnung sich einschwingen – sich finden – den Sender zueinander finden. Und dieser Sender, der uns mit dem Schutzengelsender verbindet, ist tiefes Vertrauen in die Kraft jener Himmelswesen und der ganzen lichtvollen Himmelswelt. Stelle den Sender auf Liebe ein – der Liebe kannst du vertrauen. Nutze diese gottgegebene Verbindung zur Erfüllung deiner Herzenssehnsüchte, durch die die Seele ihre Stimme erhebt.

Der den Lebenssinn erfüllende Weg ist jener, der dem Herzen folgt. Die Engel helfen uns dabei, ihn zu finden und zu gehen. Öffnen wir ihnen unsere Herzenstore, durch die ihre Kräfte sich mit unseren Wegen verbinden. Vertrauen wir ihnen, und lassen wir sie so unsere Wege segnen.

So drücken es die Engel aus

Diese Welt und jene Welt sind eine Welt. Doch für das Menschenauge sichtbar ist nur deine Welt. Doch deine Welt reicht tiefer, als du sehen kannst – tiefer, als du jemals gehen kannst. Doch sie ist nur einen Gedanken weit entfernt. Der Raum der Anderswelt ist der Raum der Engel, der Raum, der Himmel heißt und der alles durchfließt und belebt, was sich ihm öffnet und sich durchfließen lässt. So gibt es nicht eine und noch eine Welt, sondern NUR EINE WELT – stets ineinander verbunden. Mal heller und mal dunkler – mal hat sich die inkarnierte Seele als dies und mal hat sich die inkarnierte Seele als das erschaffen und erfunden.

Wir urteilen nicht über eine Wahl – doch sehen wir viel Leid auf Erden und viel an Sorge und Qual. Dort, wo wir Kriege sehen, wo Leid und Kummer geschehen, dort war die globale Schöpfung mit vielen schweren Energien am Werk. Doch auch das musste und muss geschehen – sonst kann man in der Dualität das Gegenteil von Licht und Liebe nicht sehen. Betrachte es mit den heilenden Augen der Liebe, segne es und lasse jeden Prozess geschehen. Die Liebe ist stets bestrebt, sich zu finden – um sich zu erkennen, muss sie sich, wie Tag und Nacht, erst mit dualen Energien verbinden. Sie helfen ihr, sich als Licht und Liebe zu erkennen – sich zu wählen und wieder zu erfinden.

Der Mensch erkennt sich in der ihm gegenüberstehenden Kraft. Diese Kraft lässt ihn wählen, was er ist und als was er sich erschafft. »Was macht das Bild der Welt mit mir?« – Diese Frage stelle dir. Und dann gib Acht, was es mit dir emotional macht. Sieh tief in deine Gefühle und forsche nach: Werden durch das Bild in dir alte, vielleicht lange verborgene Wunden berührt? Nimm dich in jedem Gefühl von Herzen an, weil es sein darf – und nur durch Ansehen und Annehmen heilen kann. Heilen heißt hier: in die Mitte kommen. In allen Gefühlen heil zu werden. Nicht zu viel und nicht zu wenig – in der Mitte des Altars steht das Allerheiligste und auch der Stuhl des Königs. So gebe ich dir ein Beispiel, an dem du erkennst, ob du weißt, was du die Mitte nennst.

Verstehe mich, wenn ich sage: Achte auf deine Mitte alle Tage. Sorge dich nicht zu viel – aber sei auch nicht nachlässig in deinem Tun. Sei niemals geizig, jedoch auch nicht verschwenderisch. Sei klug und wisse, was du sagst, doch sei nicht vorlaut – selbstbewusst, doch nicht von dir eingenommen. Du bist nicht das einzige Abbild Gottes, und jeder ist gleich viel wert. Sei zuvorkommend, aber lasse nicht alle vor dich, sonst kommst du nicht voran. Sei für deine Mitmenschen da, doch lasse auch sie etwas für dich tun – der Ausgleich muss gegeben sein. Sei voller Mut, jedoch nicht übermütig. Erkenne den Sinn der Mitte. Dort herrscht Gleichgewicht. In diesem Gleichgewicht wirst du nicht wanken.

Stehe im Frieden deiner ruhenden Mitte und vertraue auf eine übergeordnete Führung und auf die Richtigkeit der Dinge. Du musst das Leben nicht verstehen – es reicht, wenn du es annimmst, wie es ist, und mit dem Vertrauen auf einen tiefen (oftmals noch verborgenen Sinn) mit dem Leben in Frieden bist.

Du hast einen Schutzengel an deiner Seite, der dir mit lichtvollen Impulsen zur Seite steht, der dir hilft und dich schützt und führt. Wenn du ihm die Wahl deiner Ziele nennst und ihn durch Bitten und Vertrauen mit seinen Energien in dein Leben lässt, dann kann und wird er dich führen, und du wirst mit und durch ihn dein Leben und deinen Weg im Licht erkennen – indem du deinem Herzen folgst. Gehe mit Freude voran und lade ihn ein, mit dir zu sein. Durch diese tiefe Verbindung zu deinem Schutzengel werden dir viele Dinge leichter fallen, die der Mensch aus eigener Kraft – ohne himmlische Energie – nur schwerlich oder gar nicht schafft. Dein Schutzengel hilft dir nicht nur, deine Mitte zu erkennen – er hilft dir auch, durch deine Herzensweisheit und deine Herzenssehnsüchte deine Ziele zu benennen. Zusammen mit ihm macht alles Sinn – du bist stets mit ihm und seiner Weisheit verbunden.

Übungsritual zur Schutzengel-Schöpfer-Einheit

Um die Verbindung zu seinem Schutzengel oder seinen Schutzengeln noch mehr wahrzunehmen und diese zu nutzen, ist es hilfreich, den Tag mit einem kurzen Ritual zu beginnen und ihn ebenso damit zu beschließen. Denn gerade morgens, kurz nach dem Erwachen, und abends, kurz vor dem Einschlafen, sind wir in einer Phase, die einen sehr guten Zugang zu unserem Unterbewusstsein und allem Feinstofflichen öffnet. Diesen »Übergang« kann man nutzen, um Engel einzuladen und seinen eigenen Lebensweg lichtvoll zu »informieren«.

Wenn du deinen Schutzengel einlädst, bitte ihn dabei auch um seinen Segen für deine Wege – seinen Segen für deine Lieben – seinen Segen für deine Vorhaben ... Und dann sage oder denke die Worte: »In meiner tiefen Liebe segne ich all jene Dinge auch selbst. In der Liebe sind wir eins. Die Liebe ist der größte Schutz und die größte Kraft. Ich vertraue auf die wirkende Kraft der Liebe, in der du wirkst und aus der du kommst, aus der auch ich komme – und in der wir auf ewig miteinander verbunden sind.«

Danke für alles, was in deinem Leben schön und wundervoll ist – somit erbaust du diese wundervolle Energie auch in deiner Zukunft. Lasse deinen Engel wissen, dass du weißt, dass er für alles in deinem Leben eine Lösung hat – und dass du darauf vertraust, dass er dich immer auf den richtigen Weg führt. Lass dich in dieses Vertrauen fallen wie in eine weiche und warme Decke ... und schlafe darin ein – in den liebevollen Armen deines Engels.

Atme Erleichterung in dem Wissen, dass du geführt bist durch diese vertrauensvolle Verbindung in Liebe. Du wirst immer mehr Frieden in dir spüren, je mehr du in dir – in dieser Wärme – erfährst, dass du über das vertrauende und liebende Herz mit deinem Engel und seiner lichtvollen und wegweisenden Kraft verbunden bist. Schon ein Moment der Freude und Dankbarkeit lässt dich die Energie deines Engels im Herzen erfahren. Spüre hin und öffne dich diesem Bewusstsein – die lichtvollen Herzensenergien sind den Himmelsenergien verbunden – sie fließen ineinander!

»Man muss nicht groß sein,
um Großes zu tun.
Man kann so klein wie eine Nadel sein –
die Kraft gehört denen,
die in ihrem Herzen ruh'n!«

Botschaft der Engel zu Vertrauen und Einheit

Diese Botschaft ist für dich – es ist deine Botschaft. Du bist nicht zufällig hier an diesem Ort, und diese zwei Augen lesen nicht zufällig diese Botschaft. Lange bevor du das Buch in deinen Händen gehalten hast, war diese Botschaft für dich gedacht. Du bist eingereiht in den großen göttlichen Plan. Und du bist – wie alles auf Erden – genau zur rechten Zeit am rechten Ort. Dein Engel ist jetzt in diesem Augenblick bei dir und beschenkt dich mit derselben Energie, die geflossen ist und immer noch fließt, als diese Botschaft niedergeschrieben wurde. Für dich. Für die Augen, die sie lesen, und für die Ohren, die sie hören, um dich in seine dich liebende Schwingung zu hüllen. Auf diese tiefe Liebe darfst du vertrauen.

Vielleicht möchtest du dich entspannt hinlegen und dir diese Botschaft vorlesen lassen. Lasse sie tief in dir wirken – atme sie ein und verbinde dich mit ihr. Sie ist Balsam für Herz und Seele. Du wirst deinen Schutzengel tief in deinem Herzen spüren ... Lass dich von seiner Botschaft berühren.

»Je mehr wir auf die Hilfe
der Engel vertrauen,
desto freier können wir in eine
glückliche Zukunft schauen.«

Geliebte Seele,

in meiner grenzenlosen und bedingungslosen Liebe hülle ich dich ein in eine Decke aus meinem himmlischen Licht. Komme zur Ruhe und grenze dich ab von allem, was deinen Geist aufwühlt – es ist Zeit, um zu erspüren, was meine Liebe dir zu schenken vermag. In aller Zeiten Gegenwart bin ich in deiner unmittelbaren Nähe. Meine Liebe für dich ist so alt wie das Leben selbst und wird in Ewigkeit hell leuchten.

Einst erfuhr das Licht eine Senkung in seiner Präsenz, es gingen Teile davon in eine niedrigere Ebene, um sich dann wieder zu erheben – wie du weißt, ist Leben ein ständiger Fluss. Es geht und entsteht. Doch niemals ist die liebende Hand und die ewig wahre und einzige Heimat in diesem Prozess abwesend. Der Himmel umfängt dich in all deinem Tun, jeden deiner Schritte begleitet er – so wie das Licht der Sterne jede Nacht begleitet.

Deine Erfahrungswelt erschaffst du dir über die Ebene deines dir innewohnenden Bewusstseins – bewusst und unbewusst, doch stets als deine Wahrheit gespeichert und ausgesendet in die ewigen und unendlichen Sphären des Seins, die dir als ewige und stets antwortende Diener deine ausgesandten Energien spiegeln. Diesem ausgesendeten Bewusstsein entsprechend erfährst du deine Herausforderungen, die dich – Schritt für Schritt, Stufe für Stufe – hinaufgeleiten ins Licht, bis du wieder eins bist mit jenem ewigen und ganzen Leuchten, das im Fluss des Lebens sich selbst als Licht erschafft, um zu erfahren, Licht zu sein. DU bist Licht.

Auch ich war einst auf Erden und ging meinen Weg durch Schatten und Licht. Doch hat die Liebe, von der ich mich leiten ließ, mir meinen Weg gezeigt und mich wissen lassen, dass alle Wege die Wege sind, die Gott für mich und meinen Weg ins Licht als wahr und gut weiß. Ich habe in allem Schmerz und aller Trauer nie den Glauben verloren. Immer war in meinem Herzen dieser Stern, der strahlend den Weg zur Erlösung der Seele, den Weg ins Licht über das Vertrauen zu Gott beleuchtete.

Nun, da die Erdenwanderer in ein neues Bewusstsein einziehen, werden die Wege heller, und die Brücke zwischen Schatten und Licht wird schmäler. Die Brücke zwischen Tag und Nacht. Die Brücke zwischen Raum und Zeit. Für euch mag es sich so anfühlen, als ob die Zeit schneller verginge – die Illusion der Zeit, die ihr in diesem Zusammenhang fähig seid, als Illusion zu erfahren. Ihr vermögt es, die Welten auf beiden Seiten der Brücke zusammenzufügen – so dass die Seelen auf Erden den Himmel schauen und erkennen, dass Schatten und Licht ein eng verbundener Erfahrungsprozess sind.

Da du bereit bist, diesen Weg zu erschaffen, bist DU, die Seele, die diese Worte hört oder liest, geehrt und gesegnet bis in alle Ewigkeit. Alle Sphären in allen Momenten der Zeit und auf allen Ebenen werden euch für diese Reise und Bereitschaft, für das EINE GANZE einzustehen und euren Seelenstern zum Leuchten zu bringen, preisen. Sie werden euren Mut anerkennen für den gewählten Weg und dafür, euch aus eigener Kraft wieder zu erschaffen – das Ganze zu heilen und neu zu erschaffen.

Bestehe den Weg und die Herausforderungen aus deiner Schöpferkraft heraus, die du im Vertrauen an die Kraft des ewigen Lichts aktivierst. Vertraue dem Weg – wisse, dass es deiner ist, egal wie steinig er sein mag. Vertraue den Herausforderungen – dass SIE der Schlüssel zum Erwecken deiner Kräfte sind. Vertraue dem ewigen Licht – dass es in dir alle Kräfte fließen lässt und dass du auf allen Wegen geführt wirst, die dich dein Licht auf Erden erfahren lassen. Alle Kräfte, die du brauchst, um Licht zu erschaffen, sind in dir angelegt – es sind deine ureigenen Kräfte. Lass dir dieses Vertrauen auf die ureigene Kraft, auf die Verbindung zur Quelle nicht zerreden von angelernten Prägungen einer längst veralteten Zeit. Spüre, wie wahr meine Liebe zu dir klingt. Und spüre, wie ich dich mit dieser Liebe umhülle. Es kann dir nichts geschehen – ich sehe dich – immer und überall umhüllt dich mein Licht. Öffne deine Lichtkanäle – lass es im Urvertrauen geschehen.

Du wirst das Heil dort hinlenken, wo du meine Liebe im Vertrauen auf Wahrheit und Weisheit des ewigen Lichtes fließen lässt. Vertraue auf die Kraft, Weisheit und Wahrheit der Liebe – sei dir bewusst: Du bist in meinem liebe- und lichtvollen Arm – ich sorge für dich. Öffne dich im Vertrauen ... So kann ich mich auf diesem lichtvollen Vertrauensstrahl mit dir verbinden und in dir und durch dich wirken.

Dein Engel – deine immerwährende Quelle der Liebe im Herzen

»Vertrauen und Liebe
sind himmlische Hände.
Sie schenken dir Licht und oftmals
die gesegnete Wende.«

Das Gebet –
Himmelskraft und Schöpferakt

»Wenn nicht das geschehen wird, was wir wollen, so werden wir das bekommen, was besser für uns ist.« Dieser Satz sagt viel über das Gebet, das dem vertrauenden Herzen entspringt. Denn es geht nicht darum, unseren Willen durchzusetzen. Vielmehr ist ein Gebet das Kundtun der Wahl und ein Offensein für Möglichkeiten, die noch besser sind. Es sollte aus einer zwar bittenden Haltung heraus gesprochen werden, die ein klares Ziel vor Augen hat, doch sollte es auch immer Freiraum für so viel Vertrauen dem Engel oder Gott gegenüber beinhalten, dass wir im Gebet klar ausdrücken, dass der Wille des Herrn geschehen soll und nicht unserer. Denn der Himmel weiß mehr, als wir bewusst wissen. Der Himmel kennt Wege, die wir (noch) nicht kennen. Deshalb ist Beten eine Bitte um ein Ziel, das keiner Wegbeschreibung unsererseits bedarf. Es ist einfach ein vertrauendes Loslassen einer Schwingung, nach der wir uns sehnen. Wir vertrauen der Weisheit des Himmels und verstehen ALLES als Antwort auf das Gebet – denn Gottes Wege sind unergründlich.

Als Beispiel möchte ich dir die Geschichte eines jungen Mannes erzählen, dessen Umgang seiner Familie ein Dorn im Auge war. Seine Freunde lebten in den Tag hinein und waren nicht im Geringsten das, was die Familie sich für den Sohn als angemessen vorstellte. So betete die Familie Folgendes: »Bitte Gott, lass ihn gute Freunde finden, Freunde, die ihm guttun und die ihn so auf den richtigen Weg bringen.« Die Kraft dieses Gebets war voller Segen für den jungen Mann. Die Familie wollte das Beste für ihn und DACHTE, den WEG DAFÜR ZU KENNEN. Doch es änderte nichts an der Situation. Die Freundschaft wurde sogar noch intensiver, und die Gruppe unternahm noch mehr gemeinsam. Die Familie betete und betete und glaubte, dass die Gebete unerhört blieben. Doch kein Gebet bleibt unerhört, wie sich noch herausstellen sollte!

Es verging eine längere Zeit, was auch daran lag, dass die Zeit erst reif sein musste. Doch eines Tages kam der junge Mann nach Hause zu seiner Familie und erzählte dieser von seinem neuen Lebenswandel. Er habe aufgehört zu rauchen, habe eine bodenständige und liebevolle Frau kennengelernt und habe einen unbefristeten neuen Arbeitsvertrag bei einer renommierten Firma bekommen. Auf die Frage der Familie, wie das alles gekommen sei, antwortete der junge Mann: »Da ich so viel bei meinen Freunden bin, musste ich mir das Rauchen abgewöhnen, denn alle anderen haben es auch getan – und alleine wollte ich nicht vor dem Haus stehen und rauchen.« Und auch die Frau seiner Träume war nur auf diesem Weg, der über einen der verpönten Freunde führte, zu ihm gekommen. Selbst der Arbeitsvertrag kam auf diesem Weg. So hat der Himmel die Lösungsenergie über die Herzenswege der Freunde gebracht – die, so wie es scheint, dem Himmel zugänglich waren. Die Familie war sprachlos und beschämt – und herzensfroh über die göttliche Führung und Weisheit des Himmels! »Oh lieber, guter Gott, jetzt verstehe ich – Dein Wille geschehe, und Gottes Wege sind unergründlich.«

Ja, oft ist etwas tief verborgen. Wenn man aber mit dem Herzen schaut, dann kann man im Vertrauen den Weg als Segen sehen, auch wenn es gerade dunkel scheint – der Tag wird kommen. Es gibt einen wundervollen Spruch, den ich gerne anbringe, wenn man nicht erfüllt bekommt, wonach man schon so lange bittet: »Der Mensch schaut in der Zeit zurück und sieht: Sein Unglück war sein Glück.« Wie oft ist es einem jeden schon so gegangen, dass man sagt: »Wenn das nicht gewesen wäre, dann hätte ich das niemals erreicht.« Oder: »Wenn dies oder jenes nicht so gekommen wäre, dann ...« Aber im Moment sieht man den großen Zusammenhang noch nicht und glaubt oft, dass Gott einen verlassen hätte. Das Schicksal und alle Ereignisse wohnen aber alle in einer großen, liebenden Hand – öffnen wir uns der wohlwollenden Führung dieser Hand Gottes und lassen wir uns voller Vertrauen fallen. Mit jedem gefühlten Gedanken senden wir die Energieessenzen aus, die uns vom Universum wieder geschenkt werden.

Was beten meint – wenn Herz und Seele beten

Beten ist also die Bitte und Bereitschaft, einen Zug zu besteigen und ein Ziel zu erreichen. Doch welcher Zug das sein wird, ist alleine Gott überlassen. Nicht jeder Zug ist ein Intercity – oft müssen wir die Wege zu dem von uns bestellten Ziel in alten und verrosteten Waggons bereisen. Doch es wird sich lohnen, den Weg zu gehen ... Ein Gebet ist das Wahrnehmen und Folgen einer inneren Sehnsucht der Seele, der wir im Vertrauen den Zugang zu den himmlischen Kräften als Hilfsmittel aufzeigen wollen.

Ein ganzes Leben kann ein Gebet sein, doch in vielen Momenten ist der Alltag zu hektisch, um den himmlischen Energien freien Lauf zu lassen – von so vielem werden wir beeinflusst, und so vieles läuft unbewusst in uns ab und lässt uns dann nur spüren, wie wir aus dem himmlischen Fluss ausgestiegen sind. So ist es umso wichtiger, dass wir die Inseln des Gebets wertschätzen und ehren, in denen wir uns ganz bewusst Zeit nehmen für etwas, das uns am Herzen liegt.

Das Herzensgebet der Liebenden

In diesen Inseln des Gebets ganz geborgen, führen wir ein Zwiegespräch mit Gott. Doch halt! Beten ist mehr als ein Zwiegespräch mit Gott. Es ist vielmehr ein Rendezvous mit dem Geliebten, ein Treffen mit dem Königssohn, der alle Zauberkräfte besitzt und mit einem teilt – wenn man bereit ist, ihm zu vertrauen und ihm sein Herz zu schenken. Es ist ein inneres Strahlen und Danken.

Oft bete ich den ganzen Tag, ohne mir bewusst zu sein, dass ich bete. Alle meine Sehnsüchte male ich in den Herzenshimmel – im Wissen, dass mir gegeben wird, woran ich aus tiefster Überzeugung glaube und was gut für mich und meinen Weg ist. Die Körperhaltung während dieser innigen Hingabe und des sehnsüchtigen Erzählens der Anliegen ist demnach nicht vorrangig, viel wichtiger ist die innere Haltung – die Herzenshaltung. So wie Glauben und Vertrauen wichtige Grundpfeiler einer jeden Beziehung sind – so sind sie es auch in der Beziehung zu Gott. Denn ohne

Glauben und Vertrauen blockieren wir unsere Herzensverbindung, und Himmel und Erde können nicht zueinanderfinden.

Sprich alle Gebete so, als würdest du deinem Geliebten von deinem Traum erzählen und wüsstest, dass er wahr wird, wenn es gut für dich ist, weil er dich liebt und dir keinen Wunsch abschlagen kann. Wenn das Herz allerdings ganz ohne Hoffnung und voller Zweifel ist, kann der Geliebte deinen Traum nur noch im Nebel sehen und wird dir – weil er dir immer jenes bringt, was ihm dein Herz erzählt – nur Nebelbilder deiner Träume bringen. Doch seine größte Sehnsucht ist es, im klaren Herzen deine Liebe und dein Vertrauen für ihn und für deine Träume zu erkennen – also zweifle nicht! Lass dein Vertrauen wachsen, und dein geliebter Königssohn wird deine Bitten klar und deutlich sehen. So kann dein Traum wahr werden!

Der Himmel in dir

Trage dein Gebet voller Zuversicht in den Himmel der Liebe – von woher alle Sehnsüchte der Seele kommen und wohin alle Gebete gehen. Zu dem Ort, an dem sich alle Wünsche entfalten. Dieser Himmel der Liebe ist IN dir! Spürst du denn nicht, wie sehr sich dein Innerstes nach Liebe und Vertrauen sehnst? Es sehnst sich danach, weil deine Seele weiß, dass dies die Kräfte sind, die alles ermöglichen. Die Welt nennt es Wunderkraft – ich nenne es Seelensehnsucht.

Der Glaube an die himmlischen Kräfte, Liebe und die reine Absicht der Bitten sowie die Sehnsucht nach Heil sind es, die einem den inneren Himmel und somit den Schutzengel zum lichtverbündeten Helfer machen und die die Gebetsenergien lebendig werden lassen. Mit diesen Kräften und dem immer wiederkehrenden Gebet für die Erfüllung der individuellen Herzenssehnsüchte wird jeder seinen den Lebenssinn erfüllenden Weg finden.

Der wahre und wirklich wahrhaftige Weg führt immer zu dir und immer in den eigenen inneren Himmel der Liebe. Von dort kommt alles, und dorthin wird alles gehen. Jeder Funke in uns ist dem entsprungen, und alles werden wir dort finden – alles, was wir suchen, liegt IN UNS.

Die Essenz und die Absicht des Gebetes

In dem Moment, in dem du ein Gebet aussprichst, in dem du es bewusst mit Worten gestaltest, ist es schon längst angekommen und erfüllt! Und die Schnelligkeit der Erfüllung ist abhängig von der Qualität, mit der das Gebet vom Herzen ausgesandt wird.

Das Gebet ist schon in jenem Moment erfüllt, in dem ich die Absicht gefasst habe, das Gebet zu sprechen – also lange bevor ich der Energie der Sehnsucht Worte gegeben habe. Denn aus Sicht des ewigen Kosmos leuchtet die Essenz des Gebetes – die Energie der Absicht – und wird uns wie ein Echo aus dem All als Erfüllung in unserer Welt der Erfahrungen wieder geschenkt. Alle Gebete, die in reiner Absicht in den Himmel getragen werden, die allen nur das Beste wünschen oder deren Ziel dem Ganzen dient, sind wahre Leuchtfeuer des Himmels und werden von allen Wesen, die nur irgendwie zur Erfüllung beitragen können, erfüllt und belebt.

Spirituelles Pingpong-Spiel

Menschen mit einem Hang zum Spielerischen können Beten als eine Art Pingpong-Spiel sehen! Du denkst, der Ball wird vom gesprochenen Wort des Gebetes allein gelenkt – nicht in erster Linie! Es wird dir bei genauerem Betrachten auffallen, dass du denkst zu wissen, wo der Ball hingehen wird (weil du die Worte des Gebetes kennst). Doch der Ball wird oft eine andere Richtung einschlagen (denn die Emotionen – hinter dem Wort – entsprechen nicht der gleichen Richtung, die die Worte erbitten). Darum ist es so wichtig, dass Herz und Verstand im Einklang sind. Betrachte, was du in dir fühlst bei deinen Bitten, und korrigiere deine innere Haltung dem Gebet gegenüber – du hast Fülle verdient. Wir tragen die Möglichkeit für jeden Sieg in uns – wenn es uns gelingt, Herz und Geist in Einklang zu bringen.

Sieh hin und frage dich, ob du dir – tief in dir – die Erfüllung dieses Gebetes wirklich erlaubst. Oder ob Prägungen deiner Bitte im Weg stehen. Auf diesem Weg erkennst du viele Emotionen und Muster, die wahrgenommen und erlöst werden wollen. Trau dich, deine innersten Zweifel und Ängste zu betrachten, und erkenne sie als Lehrer an, die dir zeigen möchten, wo dein Vertrauen und deine Liebe gebraucht werden, um alte Erinnerungen und Blockaden in Verbindung mit der lichtvollen Quelle zu erlösen. So kannst du immer mehr zu einer wahren Einheit werden, und kein Ball verfehlt mehr sein Ziel – weil Gedanke und innerstes Fühlen im Einklang sind. Weil Geist und Herz im Einklang sind ... ein himmlisches Team.

Bewusst und unbewusst

Wenn wir uns dessen bewusst wären, dass wirklich und wahrhaftig jedes Gebet erhört wird, ja, dass jeder gefühlte Gedanke erhört wird, dass eine Erfüllung allein daran liegt, in welcher Qualität das Gebet ausgesandt wird, dann würden wir uns unsere innersten und emotionalen Themen viel bewusster ansehen und uns würde die Notwendigkeit klar werden, sie zu erlösen – um dann von jenen Energien erfüllt zu sein, die einem Gebet lichtvolles Leben einhauchen.

Dieses Gefühl von UNGLAUBLICH WEIT WEG und von TRENNUNG macht es so UNGLAUBLICH und nimmt dem ein oder anderen Gebet einen Teil der Kraft, die es bräuchte, um im Echo des Kosmos als GANZE ERFÜLLUNG in uns geboren zu werden. Der Versuch zu verstehen, wie die geistigen Dinge funktionieren, und der Zweifel an der Welt hinter dem Vorhang nimmt den himmlischen Kräften die Möglichkeit zu wirken. Der Mensch will verstehen. Doch beim Beten gibt es nichts zu verstehen – es gibt etwas zu fühlen und zu erfahren, und es gilt, zu glauben und zu vertrauen. »Es gibt keine unmöglichen Aufgaben für den, der glaubt und vertraut.«

Sehen wir uns unsere Glaubensmuster doch einmal genauer an. Welche alten Muster und Dogmen erzählen uns im hinteren, unbewussten oder auch bewussten Herzensstübchen noch von einem strafenden Gott? Diese Erinnerung dürfen wir in die liebevollen Arme einer weiblichen Energie legen und sie erfüllen mit dem erleichternden und frohen Gedanken, dass Gott in uns wohnt und nur licht- und liebevoll sein und wirken kann. Der einzige strafende Part in diesem Pingpongspiel des Lebens sind WIR SELBST, indem wir nicht an uns glauben. Oftmals blockieren wir aufgrund einer alten Erinnerung, die gespeichert ist, die Energiequelle des helfenden und heilenden Gottes – ja, indem wir nicht die wahrhaft glaubende Energie aussenden, nehmen wir uns auch die Möglichkeit, diese zu empfangen.

Die Lösung klingt einfach und ist doch eine große Herausforderung. Denn hinsehen heißt: sich selbst annehmen und lieben. Nur so kann heilen, was heilen will. Nur die Liebe heilt!

»Gebete sind wie Juwelen,
die wir dem Himmel schenken
und die wir durch den Glauben
an ihre Erfüllung wieder zu uns lenken.«

Geführte Visualisation und Gebet

Werde dir bewusst, um was du die Himmelswelt bitten möchtest, und komme zur Ruhe.

Gehe in ein Gefühl der Liebe – stelle dir dabei all jenes vor, das dich für dieses Gefühl der Liebe öffnet. Denke in diesem Gefühl an deine Bitte, die du an den Himmel richtest, mit dem du verbunden bist, wenn du die Liebe fühlst. Sieh deine Gefühle an, die in dir schwingen, wenn du die Bitte aussprichst. Nimm alle Zweifel an der Erfüllung des Gebetes in Liebe in deine Arme.

Atme in Liebe den Zweifel ins Licht. Wenn du leicht und frei atmen kannst, dann wisse, dass diese Bitte, die du in deiner Liebe in den Himmel gesendet hast, bereits auf einer Ebene, die noch nicht Materie ist, existiert – du hast sie eben aus deiner tiefen Herzensenergie und der daraus entstandenen Verbindung mit dem Himmel erschaffen. Nähre sie weiter mit einem inneren Lächeln der Freude und Dankbarkeit. Öffne dich dem Bewusstsein, dass der lichtvoll wirkenden Herzenskraft alles möglich ist.

Um diese Bitte nun noch rituell zu zelebrieren, reibe deine Hände aneinander – so entsteht Energie. Nun forme und visualisiere mit deinen Händen eine Lichtkraftkugel direkt vor deinem Herzen. Mache mit deinen Händen kreisende Bewegungen – so, als ob du eine Kugel vor dir hättest und sie in alle Richtungen mit deinen Händen formst. Lege dann gedanklich nochmals die Bitte und die Dankbarkeit sowie die Freude der Erfüllung in diese gerade erschaffene Energiekugel und bitte um den Segen der lichtvollen Welt. Lass dein Herz sich an dem Anblick freuen, wie sich in der Kugel vor dir die Erfüllung deines Gebetes nach und nach zeigt. Erhöhe die Energie der Kugel, indem du den Himmel lobpreist für seine Fülle und seine Wahrheit – für seine grenzenlose Kraft und seine grenzenlosen Möglichkeiten. Liebe den Himmel für seine unergründlichen und gesegneten Hilfestellungen und Wege. Lobpreise ihn und segne ihn für seine bedingungslose Liebe und sein Licht, mit dem er dich in diesem Moment umhüllt. Dann schiebe die Kugel, indem du beide Hände darunterlegst, in den Himmel – von dort werden Engel schon die Hände danach ausstrecken und dir die golden schwingende Lichtkugel abnehmen.

Atme tief durch in dem Wissen, dass die Erfüllung nach deinem Ritual nun schon eine Ebene weiter in dein Wahrnehmungsfeld gerückt ist. Zur rechten Zeit und am rechten Ort wird das Gebet deines liebenden Herzens in die Realität geboren werden!

Beten mit den Engeln

Dein Schutzengel sagt:

»Bete Mensch – in deinem Herzen liegt das Heil der Welt. Es wird erfüllen sich, was deines Herzens Schwingung im Gebet bestellt.«

Gebet für Heilung

Liebe lichtvolle geistige Welt, lieber lichtvoller Schutzengel, ich bitte dich um Heilung auf allen Ebenen. Ich weiß, dass ich bereit bin, die anstehenden Aufgaben zu lösen und die Energien liebevoll zu transformieren und zu integrieren. Hilf mir, dabei in meinem Herzen zu bleiben und aus der Kraft der Liebe zu wirken. Im Vertrauen in dein Wohlwollen für mich und meinen Lebensweg verbinde ich mich mit dir und bin dankbar für die daraus entstehende Führung und Lösung. Ich bin offen für jeden Weg, der Heilung in mir und um mich erschafft. Amen.

Dein Schutzengel sagt:

»Der Erdenweg ist nicht immer ein leichter Weg – doch sind dein Herz und Geist im Einklang mit der Liebe, so werden himmlische Mächte dich führen und deine Wege segnen. So wirst du deine Ziele finden.«

Gebet für Schutz

Liebe lichtvolle geistige Welt, lieber Schutzengel, in meinem liebevollen Herzen bin ich deinem himmlischen Licht verbunden. Ich bitte dich, dabei mitzuwirken, mich mit jedem Atemzug immer mehr in den Schutz dieses Lichtes zu hüllen. In der Situation ... bedarf ich dieses Schutzes ganz besonders. Ich weiß, dass ich den Schutz im Vertrauen auf deine Hilfe aufrechterhalte und dass du mit deinem mich umhüllenden Licht in dieser Situation kraftvoll wirken wirst. Dafür danke ich dir von ganzem Herzen. Amen.

Dein Schutzengel sagt:

»Herz, wenn du einen Segen aussprichst, der jenes Gesegnete so sehr umhüllt wie die Arme einer Mutter das frierende Kind, dann wird der Segen walten. Die Energie, die aus deinem Herzen strömt und im Vertrauen und Dank der Quelle des Himmels verbunden ist, ist jenes Licht, das den Segen belebt.«

Gebet für Segen

Liebe lichtvolle geistige Welt, lieber Schutzengel, ich bitte um Segen für ... Meine Liebe segnet ... ebenso. Ich weiß, dass dein Licht und meine Liebe eine große und kraftvolle Segensenergie erschaffen. Dafür danke ich und darauf vertraue ich. Amen.

Dein Schutzengel sagt:

»Herz, betrachte dein Gebet wie eine Rose. Schenkst du es von ganzem Herzen? Blüht es und verströmt es seinen Duft, der liebt und Herzen salbt? So wie eine blühende und duftende Rose, die du von ganzem Herzen verschenkst, verschenke auch dein Gebet an den Himmel. Denn keinen schöneren Blumenstrauß kannst du dem Himmel schenken als den aus jenen Blüten, die deinem Herzen in liebevoller Haltung entspringen.«

Gebet für eine friedvolle Lösung und Abgrenzung

Liebevoller Vater, ich bitte dich, segne ... und lass ihn/sie seine/ihre Liebe und sein/ihr Glück in sich finden. Ich gehe meinen Weg nun ohne ... weiter, weil ich meinem Herzen folge. Ich danke der Seele von ... für alles, was sie mich gelehrt hat. Ich segne sie und lasse sie los. Amen.

Dein Schutzengel sagt:

»Herz, bete zu mir und komm in der Sehnsucht nach Erfüllung in meine Schwingung. Meine Arme der Liebe werden dich halten, und jedes Wort, das du aus ganzem Herzen in den Himmel trägst, werde ich einhüllen in meine segnende Energie der Liebe und der Lösung. Der Himmel sehnt sich nach deinen Gebeten. Denn alles will er dir schenken, womit er dich der Liebe und somit seinem Lichte näher bringt. Herz, singe das Gebet in demütig dankenden Tönen in den Himmel – in dem Wissen, dass dem einen Gott, der voller Liebe ist, alles möglich ist.«

Gebet für die Familie

Liebe lichtvolle geistige Welt, lieber Schutzengel, ich bitte um Schutz und Führung meiner Lieben. Hülle sie ein in dein Licht und gehe ihnen auf ihrem Weg voraus. Erhöhe ihre Aufmerksamkeit in wichtigen Situationen, und stehe ihnen mit deinem göttlichen

Rat zur Seite. Mache sie reich, indem du ihre Herzen im Überfluss mit dem Licht deiner Liebe beschenkst, so dass sie andere Menschen damit berühren. Begleite sie mit deiner Liebe, so wie ich sie mit meiner Liebe begleite. Mögen sie Wissende sein, die in dem Bewusstsein leben, dass die Welt IN ihnen die Welt UM SIE erschafft. Und mögen diese Innen- und diese Außenwelt voller Frieden sein. Danke. Amen.

Dein Schutzengel sagt:

»Herz, atme die Gebete ein und aus. Atem ist Leben, und leben wird das Gebet, das dem lebendigen Atem entspringt. Mit jedem Atemzug sende ich dir segnende Himmelsgrüße. Erleichterung wird dem Atem folgen und dir zeigen, wie verbunden du in diesem Gebet mit mir bist.«

Gebet für Führung und Fügung

Liebe lichtvolle geistige Welt, lieber Schutzengel, ich bitte dich um deine Führung. Ich weiß, dass ich alleine nicht alle Dinge vollbringen mag. Doch mit dir – so weiß ich – ist alles möglich. So bitte ich dich bei folgender Situation ... um Führung und Fügung. Hilf mir zu erkennen, was ich erkennen, unternehmen und wandeln soll, um die Situation so zu ändern, wie es für alle Beteiligten am besten ist. Und bitte ändere du mit deinem Licht jenes, was nicht in meiner Macht liegt und doch zum Wohle aller und nach Gottes lichtvollstem Willen verändert werden darf und kann. Im Vertrauen in dein Licht der Wandlung öffne ich dir über meine Herzenstüre den Zugang zu allen beteiligten Energien und erlaube dir zu walten – im Namen der Liebe. Danke. Amen.

Dein Schutzengel sagt:

»Herz, trägst du Trauer und Zweifel in dir, so nimm sie an. Denn auch das ist ein Teil von dir, der wahrgenommen und gefühlt werden, erkannt und angenommen werden möchte. Dieser Teil ist nicht da, um dich zu erdrücken. Nein, vielmehr ist er da, um von dem übergeordneten, lichtvollen Teil von dir in den Arm genommen zu werden und so ebenso in diesem Licht aufzugehen. Ein angenommener und gefühlter Schatten kann in den Armen der Liebe heilen. Denn auch das bist du – und die Sehnsucht dieses Teiles von dir ist es, auf die Sonnenseite deines Wesens zu transformieren. Nimm dich an. Im Gebet bitte um meine Unterstützung und ich werde da sein. Ich werde dich durch jedes Gefühl leiten. Du kannst niemals verloren gehen. In keinem Gefühlstal wirst du ewig verweilen. Bete voller Sehnsucht, Hoffnung und Vertrauen um meine weisende Hand – und du wirst deine Teile finden, und sie werden heilen und dich zu dem Lichtwesen machen, das du in Wahrheit bist!«

Gebet für finanzielle Fülle und Wohlstand

Liebe lichtvolle geistige Welt, lieber Schutzengel, ich bitte um Fülle und Wohlstand. Ich weiß, dass ich ein Recht auf Fülle und Wohlstand habe und bin mir sicher, dass ich mit eurer Hilfe alles, was den Fluss der Fülle blockiert, erkennen und lösen kann. Bitte zeigt mir auf, was ich zu erlösen habe, um in diesem Fluss von finanzieller Fülle und Wohlstand zu leben. Und löst ihr all jenes, was ihr lösen könnt, um diesen Wohlstand herbeizuführen. Danke. Amen.

Dein Schutzengel sagt:

»Herz, weißt du um das Geschenk meiner Nähe zu dir – das Geschenk der Einheit und des Augenblicks … Ich umfließe und umhülle dich in jedem Moment der Ewigkeit, und in jedem Augenblick der Einheit darf ich dich erfüllen mit meinem Glanz. Strebe im Gebet danach, mich zu finden. Öffne dich meinem Licht und lass uns eins werden – eins im Glauben an die Wahrheit der Liebe.«

Gebet zur Wegfindung/ zum Finden des Lebenssinns

Liebe lichtvolle geistige Welt, lieber Schutzengel, ich bitte darum, meinen lebenssinnerfüllenden Weg zu finden. Ich weiß, dass ich bereit bin, meine Lebensaufgabe anzugehen. Mein Herz sagt voller Freude: »Ja!« Helft mir dabei, die richtigen Weichen am richtigen Ort und zur richtigen Zeit zu stellen, um stets gesegnet und geführt meinem lebenssinnerfüllenden Weg zu folgen. Helft mir auch, stets in Freude an meiner Lebensaufgabe zu wachsen und zu gedeihen. Ich weiß, dass es ein Teil jeder Lebensaufgabe ist, die Liebe zu leben. Helft mir bitte dabei, auch in allen herausfordernden Lebenssituationen in meinem Herzen zu sein. Danke. Amen.

Dein Schutzengel sagt:

»Herz, du musst den Weg nicht kennen – lenke die Kraft deiner Liebe zum erbetenen Ziel.
Die Schritte werde ich dir einen nach dem anderen nennen – ich werde dich führen, so du mir vertraust, so du auf mich baust. Kein Stein auf dem Weg wird dich daran hindern, das Ziel zu erreichen. Lass mich nur machen – im Vertrauen auf die Liebe müssen alle Steine weichen.«

Gebet für eine neue Arbeitssituation

Liebe lichtvolle geistige Welt, lieber Schutzengel, ich bitte um Änderung meiner Arbeitssituation. Ich weiß, dass ich gute Dienste leiste, und ich bin es wert, dafür gutes Geld zu erhalten. In meinem Bewusstsein bin ich bereit für neue Wege, die meinem Lebenssinn dienen. Bitte helft mir und führt mich dort, wo ihr eine Lösung und/oder neue Wege herbeiführen dürft. Und zeigt auch mir, was meine Aufgabe dabei ist. Danke. Amen.

Dein Schutzengel sagt:

»Herz, werde zum Kind. Weine, liebe und lache wie ein Kind. Durchlebe alle Gefühle, wie sie kommen, und dann komm voller Vertrauen zu mir, um mich wie eine dich liebende Mutter, einen dich liebenden Vater anzuflehen, dir zu helfen. Sag mir dabei alles, was in deinem Herzen steht – so wirst du dir selbst bewusst. Bitte mich – und dir wird gegeben. Ich bin Wahrheit – ich bin dein Vater und deine Mutter. Ich bin deine Liebe, und ich bin dein Leben. Und alles, was mir gehört, möchte ich dir geben.«

Gebet für neuen Fluss – wenn die Beziehung stagniert

Gott, kraftvolles, liebendes Licht in meinem Herzen, lass mich an meiner Beziehung wachsen. Ich weiß, dass ich bereit bin, meine Themen anzusehen und diese in meinem liebenden Herzen zu lösen. Hilf mir zu erkennen, wo ich mich ändern kann, und hilf meinem Partner zu erkennen, was seine Aufgabe dabei ist. Ich bitte darum, dass wir in unseren liebevollen Herzen wieder zueinanderfinden – du zeigst uns den Weg! Danke!

Gebet, um dem richtigen Partner zu begegnen

Liebe lichtvolle geistige Welt, lieber lichtvoller Schutzengel, ich bitte darum, dem Partner zu begegnen, der mich glücklich macht und den ich glücklich mache. Ich weiß, dass ich dafür reif bin, eine liebevolle Beziehung zu führen, in der ein gegenseitiges Aneinanderwachsen große Freude bereitet. Ich öffne mich im Vertrauen meiner lichtvollen Führung und bin für die Begegnung mit dem richtigen Partner bereit. Amen.

Spirituelle Tipps und Tricks

Wie schon erwähnt, müssen wir uns selbst abnehmen, worum wir bitten. Hinter jeder Bitte steht ein Gefühl, und es wird die Bitte entweder energetisch aufbauen oder blockieren. Alle Gefühle haben jedoch die Berechtigung, da zu sein. Denn sie wurden irgendwann geboren und sind der Teil von uns, der geheilt werden möchte.

In dem Augenblick, in dem wir nicht versuchen, sie zu verdrängen, sondern als Teil von uns erkennen, der nur zurück in die Wärme des Herzens möchte, können wir Frieden schließen – auch mit kämpfenden und angstvollen Energien. Auch wenn jene Gefühle, die da sind, nicht augenblicklich verschwinden, sie werden sich im Frieden des liebenden Herzens auflösen. Mit Gebeten und Affirmationen diesem unbewussten wie bewussten Prozess nachzuhelfen, ist mit ein paar »spirituellen Tipps und Tricks« möglich. Neben dem offenen Herzenstor, das unseren Schutzengel mit seiner helfenden Energie walten lässt, gibt es noch ein paar Dinge, die diesen Prozess verstärken und beschleunigen.

Punkt 1: Der Reim

Affirmationen, die sich reimen, können wir wie ein Mantra sprechen, und sie erreichen tiefe Schichten des Unbewussten. Also sollten wir uns immer kurze und knappe, sich reimende Affirmationen überlegen, die wir uns stetig erneut vortragen, um sie so immer tiefer in unsere unbewusste Welt zu tragen. Wenn dies von unserer Herzensenergie begleitet ist, die wir in der Freude auf das Ziel erleben, dann wird diese Affirmation im Unterbewusstsein weiterwirken und für uns arbeiten.

Punkt 2: Der Vergleich

Unser Unterbewusstsein lässt sich nicht täuschen. Es möchte überzeugt werden – und das aus ganzem Herzen. Wenn also eine Visualisation oder ein Gebet oder aber auch eine Affirmation gesprochen wird, dann wirkt es sehr gut, wenn wir dem Unbewussten einen Vergleich dazugeben, den es als Wahrheit erkennt. Verbunden mit erschaffender Glaubensenergie wirken Affirmationen wie sanfte, aber wirkungsvolle Energiearbeit.

Beispielsatz für Hilfe bei einer Heilung:

Eine Murmel ist rund und ich bin kerngesund.
Das eine ist so wahr wie das andere –
oder es wird durch eine göttliche Fügung
ganz bald wahr sein.

Beispielsatz für Hilfe bei Lernproblemen:

Ein Sonnenstrahl ist hell und ich begreife schnell. Das eine ist so wahr wie das andere, oder es wird durch eine göttliche Fügung ganz bald so sein.

Wenn nun Gefühle hochkommen, die diese Sätze fühlbar blockieren, weil wir den Zweifel in uns spüren, dann gilt es, diese erneut anzusehen und ihnen nicht im Kampf gegenüberzustehen. Nehmen wir sie in den Herzensarm – oder bitte deinen Schutzengel um Hilfe für die Lösung dieser gebundenen Gefühle. Alles, was an blockierenden Gefühlen hochkommt, wenn man an sich arbeitet, sind alte Blockaden und Muster, die von uns angesehen und in Liebe angenommen werden wollen ... weil sie nur dadurch heilen und vergehen können – im Licht erlöst, das unsere Herzensliebe dem Gefühl gegenüber aussendet. Wenn wir frei atmen können in der Affirmation, dann fließt die Energie und es sind keine störenden Blockaden vorhanden, die das Erschaffen blockieren. Bleibe nur immer im Vertrauen bei deinem Schutzengel – so arbeitet er unaufhörlich an dir und für dich.

Punkt 3: Drei-Finger-Energie senden

Wenn man seine Ziele gut visualisieren kann und diese mit möglichst vielen Sinnen auskleidet (sich vorstellen, wie der Ort aussieht, wie es duftet, wie sich vielleicht der Boden anfühlt, ...), dann ist es eine wirkungsvolle Hilfe, die drei Finger (Daumen, Zeigefinger und Mittelfinger) der rechten Hand zu einem Bündel zusammenzudrücken, um so die gebündelte Energie in die Zukunft zu transportieren. Selbst wenn man nur jubelt und sich freut und diese Drei-Finger-Methode anwendet, erschafft man sich die Zukunft jubelnd. Im Kleinen wie im Großen bauen wir dadurch ein Energiefeld der Schöpfung in unserer Zukunft auf. Mit der Bitte an unseren Schutzengel, den Prozess zu schützen und zu begleiten, können wir uns einfach nur freuen auf all das, was an Gutem in unser Leben kommt oder was wir Gutes daraus lernen und erkennen dürfen.

Ich habe mir das Unterzeichnen meines ersten Autorenvertrages immer mit dieser Drei-Finger-Methode vorgestellt. Mit allen Sinnen war ich in der Situation, ich fühlte die Freude in meinem Herzen und sagte: »Der Deal ist gemacht – mein Buch wird auf den Markt gebracht!« Ich streute gedanklich goldenen Glitzer über diese Gedankenbilder und drückte die drei Finger, um diese wundervolle Situation in meiner Zukunft zu erschaffen.

Eine Autorenkollegin hat einmal zu mir gesagt, es wäre wie ein Sechser im Lotto, einen guten Verlag zu finden, der einem noch unbekannten Autor die Chance gibt, seine Bücher zu verlegen. Nun ja, ich habe es geschafft. Und mittlerweile bin ich nicht mal mehr unbekannt.

Und wenn ich es geschafft habe, mir meinen Sechser im Lotto zu erschaffen, dann kannst DU das auch!

☺

Punkt 4: Die Bumerangtheorie

Wenn die Gedanken kreisen und wir das Gebet festhalten, stellen wir uns als geistiges Hilfswerkzeug einen Bumerang vor. Er ist golden und trägt das Gebet und den Weg seiner Erfüllung in sich. Wir werfen ihn mit aller Herzensliebe und aller vertrauenden Kraft gen Himmel und schicken ihn mit den Worten auf seinen Weg: »Bumerang aus goldenem Licht, erfülle dich mit allem, was für die Erfüllung meiner Bitte lichtvoll und richtig ist, und komm dann zur rechten Zeit und nur in reiner Liebe zu mir zurück. Da ich weiß, dass du immer wiederkehrst, vertraue und danke ich voller Freude deinem Wirken. Amen.«

Auch hierin ist der Vergleich zu finden, eben nur mit einer ganz speziellen Visualisation, die dem Unbewussten die Wiederkehr des Erbetenen als Wahrheit zu erkennen gibt.

Eines ist noch wichtig zu wissen: Mentales ist für das Unbewusste Reales!

"Ich glaube" –
ein Geschenk an den
Himmel

Dieses Geschenk an den Himmel habe ich im Anschluss an eine tiefgehende Meditation geschrieben. Es ist von einer wundervoll leichten Energie getragen und verbindet das Herz mit dem Himmel ... Spricht man es voller Liebe und Freude, erfährt man dabei, wie sich das Herz dem Himmel öffnet ...

Ich glaube

Ich glaube an Gott und die Engel,

an die ewige Liebe und ihre allmächtige Energie.
Denn seit ich sie kenne, fühle ich mich
wertvoll wie nie.

Ich glaube an das Sein dieser Liebe in Ewigkeit
und einen Teil dieser Liebe als mein Herzenskleid.

Ich glaube an das Licht in jedem von uns
und in allem, was ist.
Daran, dass man die, die man liebt,
niemals vergisst.

Ich glaube an die Großartigkeit vom göttlichen Plan
und an die Belohnung derer,
die so vieles für Gott getan.

Ich glaube an eine Gerechtigkeit,
die wir jetzt schon erleben,
wenn wir zur rechten Zeit anderen
und uns selbst vergeben.

Ich glaube an Wunder, die jeden Tag geschehen,
die wir jedoch noch nicht alle erkennen –
nur jene, die mit dem Herzen sehen.

Ich glaube an ein Bewusstsein, das uns alle erfüllt,
das auf die Welt niederströmt,
bis die Geister gestillt.

*Ich glaube, dass alle erkennen werden,
wie der Himmel uns feiert –
uns Menschen auf Erden.*

*Ich glaube, dass die Engel dieser Zeit
sich zu erkennen geben –
in ihren Taten und ihrem liebevollen Leben.*

*Ich glaube, dass der Himmel
und die Erde sich vereinen,
und alle Menschen werden vor Freude weinen.*

*Ich glaube, dass die Unendlichkeit, ein
wunderbares Fest, das niemals endet,
uns einen kleinen Vorgeschmack beim Blick in
lachende Kinderaugen sendet.*

*Ich glaube, nein, ich weiß, dass,
wenn ich meinem Gott vertraue,
ich so täglich am Himmel auf Erden mitbaue.*

Erfühlen des Urvertrauens

Das, was vielen von uns fehlt, ist Urvertrauen. Dieses tiefe Vertrauen, dass für uns gesorgt ist, dass wir gehalten sind und dass alles – egal was – gerade richtig und für unser geistiges Wachstum wichtig ist.

Ganz egal, ob dieses Gefühl des Urvertrauens in diesem Leben – meist in Kindheitszeiten – oder in vergangenen Leben zerrüttet wurde, es ist immer JETZT an der Zeit, es wiederherzustellen. Und jetzt können wir uns diesen Bewusstseinszustand durch das bewusste Erfahren eines Gehaltenseins wieder erschließen.

Öffne die Himmelstore deines Herzens – sieh deine Gefühle an und schenke ihnen deine Liebe. Schenke allen Gefühlen das Wissen, dass sie zwar einst als Wahrheit von dir erlebt wurden und somit von dir erschaffen in deinem Energiefeld schwingen, doch dass DU – dein wahres, unendliches Wesen – nicht diese Gefühle bist, sondern der Teil, der sie wieder in

Liebe erlöst. Es sind alles »gefallene« Teile von dir – alle Gefühle sind von dir erschaffen. Doch nur aus einem Grund: Weil du NUR DURCH SIE die Wahl hast, dich zu erschaffen – zu wählen, wer du bist. Damit du erfahren kannst, dass du fähig bist, Schatten in Licht zu verwandeln – DURCH DEINE LIEBE, in der du den Gefühlen und Erinnerungen gegenübertrittst, DURCH DEINE HERZENSLIEBE, die Teil deines wahren, unendlichen Wesens ist und die Verbindungsschnur dorthin.

Es ist nicht wichtig, was war – nur das JETZT ist wichtig. Und jetzt ist alles gut. Warum also alten energetischen Ballast mit sich herumschleppen? Warum an alten Gefühlen zerbrechen und sich damit den Weg erschweren? Wichtig ist auch nicht, warum und wo die Gefühle und Informationen geboren wurden. Wichtig ist einzig und allein deine Entscheidung, frei zu sein – und dein Bewusstsein, dass du ein Recht darauf hast, frei zu sein, weil du dafür – und für nichts anderes – geboren wurdest!

Verlange nicht alles auf einmal, und verzeihe dir selbst und anderen so oft, bis du alle Gefühle, die dein Vertrauen mindern, wirklich lieben kannst. Es kann ein sehr wechselhafter Prozess sein – lass dir Zeit dabei. Doch wenn es so weit ist, dann wird dein innerer Himmel wieder hell und dem Urvertrauen und allen damit verbundenen Himmelskräften steht der Weg in der Freiheit deines liebenden Herzens offen ... Wahres Urvertrauen ist für mich wie mentales Fliegen ... Diese Leichtigkeit, mit der man in dieser Kraft dem Leben begegnet, ist unsagbar schön. Die Seele erhebt sich in der Herzenskraft des Vertrauens über viele Herausforderungen, als wären es längst bestandene Prüfungen. Dieses Geschenk zu erfahren, das wünsche ich jedem. Möge jeder Mensch in der Kraft des Urvertrauens spüren, wie ihm Flügel wachsen ...

Setze dich bequem hin und komme mit deinem Atem bei dir an. Atme tief in deinen Bauchraum und spüre, wie sich dein Brustkorb auf beiden Seiten seitlich hebt und senkt. Nimm diese tiefe Atmung kurz wahr – Gott atmet dich. Dein Atem fließt ruhig und gleichmäßig.

Nun gehe in das Reich der Gefühle und verbinde dich in deinem Herzen mit der Liebe. Alles, was dir dazu dient, die Liebe zu fühlen, lade nun ein, dir dieses Gefühl zu schenken.

In deiner Liebe angekommen, nimmst du den Boden unter deinen Füßen wahr und den Stuhl unter deinem Gesäß. Dieser Boden und alles, von dem du getragen wirst, ist ein Sinnbild für die Hand Gottes, die dich immer trägt und hält. Du kannst dich fallen lassen!

Alle Emotionen und alle körperliche Schwere – lass sie fallen.

Alle Sorgen und Zweifel – lass sie fallen.

Es wird alles von den dich begleitenden Lichtwesen an den Platz im Universum gebracht, den Gott dafür vorgesehen hat – darum lasse los. Es wird für dich und dein Wohl gesorgt.

Lass los. Gott wird dich halten. Immer und überall.

Werde immer leichter und leichter in diesem Wissen, gehalten zu sein. Spüre Urvertrauen – spüre das Vertrauen, das einem neugeborenen Lebewesen gegeben ist und das auch in dir angelegt ist.

Fühle hin.

Wenn du magst, dann kannst du auch wieder Kind werden und visualisieren, wie du von der Couch gedanklich in die Arme eines lieben Menschen springst. Oder aber du springst gedanklich in die Arme Gottes. Spüre hin, wie es sich anfühlt zu wissen, gehalten zu sein.

Dann darfst du ein Lichtwesen begrüßen, das auf dich zukommt und dich einlädt, ihm zu folgen. Begrüße es in der Freude deines Herzens. Es führt dich in eine Galerie, in der du die Lebensfilme anderer Menschen sehen kannst. Du wirst auf einen Film aufmerksam, der ganz klar zeigt, dass jener Mensch um vieles vergebens bittet – was sich jedoch im Nachhinein stets als großer Segen herausstellt. Du erkennst, dass auch viele schwere Lebenssituationen notwendig sind, um dort anzukommen, wo der große Segen liegt. Und du siehst, dass der Mensch es in den schweren Situationen nicht erkennen kann ... Doch dann irgendwann sieht er, dass doch alles zu seinem Besten war. Dieses Muster zieht sich durch alle Lebensfilme – dir wird bewusst, dass die Herausforderungen des Lebens einfach zum Weg gehören, um die Menschen in ihre Kräfte zu bringen und in jene Energiebahnen, die der Weg zu wahrem Segen sind. Und diejenigen Menschen, die auch in diesen Situationen auf den Himmel vertrauen, denen fällt der Weg leichter. Du lächelst das Lichtwesen an, und es lächelt zurück.

Das Lichtwesen führt dich weitere Stufen hinauf in eine nächste Galerie. In dieser Galerie ist dir die Gabe der Hellsicht gegeben. Die Lebensfilme der Menschen erscheinen dir dort viel feinstofflicher, und du erkennst darin alle Energien und Gedanken.

Du siehst, wie sich bei einem Menschen voller Vertrauen auf die göttlichen Helfer ein Kanal aus dem Herzen öffnet. Ganz lichtvoll strömt aus diesem Menschen eine Energie, die sogleich mit einem lichtvollen Himmelswesen in Verbindung tritt. Und getragen vom Vertrauen kann das Lichtwesen die Energien so lenken, dass sich der Herzensstrahl des Menschen mit der Erfüllung seiner Herzensgebete verbindet. Du bewunderst eine Zeit lang das Ineinanderfließen der beiden Welten. Dir wird bewusst, dass Vertrauen eine Hand ist, die in den Himmel reicht und dort geführt und beschenkt wird vom Leben selbst.

Atme in diesem Bewusstsein.

Atme und spüre Urvertrauen.

Du lächelst das Lichtwesen an, und es lächelt zurück.

Es zeigt dir seinen leuchtenden Herzensstrahl, der sich in diesem Moment mit deinem offenen Herzen verbindet. Und es verabschiedet sich mit den Worten: »In deinem liebenden und vertrauenden Herzen ist der Weg aus allen Himmeln frei.«

Ruhe noch eine Weile in diesem Gefühl des neuen Bewusstseins. Atme und spüre deinen Atem, der ohne dein Zutun fließt und dich mit allem, was ist, verbindet. Gott atmet dich.

Dann komme wieder ganz zu dir. Spüre die Bewegung deines Brustkorbs. Spüre den Boden, der dich hält. Spüre deine Hände und Füße. Und dann öffne deine Augen für die Schönheit des Lebens. Gehe deinen Weg im Vertrauen auf die lichtvolle Welt.

Engelbegegnung –
eine wahre Begebenheit

Engel – oft ist dieses Wort und sind die damit verbundenen Wesen so weit von uns entfernt. Diese Distanz wurde meiner Meinung nach dadurch geschaffen, dass unsere Erziehung und veraltete Dogmen Gott und die himmlische Welt zu einer von uns getrennten Welt erklärt haben. In meiner Kinderwelt lernte ich eine Kirche kennen, die über einen strafenden Gott erzählte und über einen Himmel, der nicht jeden einlässt und die Menschen sogar in die Hölle schickt. Engel schienen Flügelwesen zu sein, die hoch oben schweben und vielleicht durch regelmäßiges Gebet einmal zu uns auf die Erde kommen, um ganz fromme Menschen vor einem Unglück zu retten.

Diese angelernte Sicht der Himmelswelt wurde durch meine eigene Wahrnehmung der lichtvollen Wesen GOTT SEI DANK wieder aufgehoben, und die Sicht auf die beiden Welten, die wahrhaft eine Welt sind, hat sich gewandelt. Um die Bilder zu teilen, die ich sehe, und auch jenes, was ich wahrnehme, möchte ich von einer ganz bestimmten Engelbegegnung erzählen, die mir sehr im Bewusstsein geblieben ist.

Engelbegegnungen hat jeder Mensch im Herzen. Die Welten überschneiden sich. Doch kommen Hellsicht oder Hellgefühl hinzu, dann wird die Begegnung realer und der Vorhang öffnet sich ein Stück – für diesen einen ewiglichen Augenblick ... Man kann dann Farben sehen, Engel fühlen ... Dies waren meine Wege, um die Engelwelt zu erfahren – bis zu folgender Begebenheit, die mir eine noch innigere Begegnung schenkte.

Es war ein lauer Sommertag, an dem ich auf einem gemütlichen Stuhl mit großen weichen Polstern vor einem offenen Fenster den Tag Revue passieren ließ. Im Durchleben des gerade erlebten Tages mit seinen vielen schönen Farben, die die Natur zu dieser Jahreszeit zu bieten hatte, und beim Lauschen der liebreichen Vogelstimmen sank ich in einen Halbschlaf und mir war, als sei ich in einem Raum zwischen den Räumen. Ich verweilte wohl etwa eine Viertelstunde in diesem Schlummer, bis ich meine Augen wieder öffnete und das Revuepassieren des Tages, das ich vorher begonnen hatte, wieder fortsetzte. Meine Augen nun wieder ganz für die letzten Sonnenstrahlen des Tages geöffnet, erblickte ich einen sanften Lichtregen, der wie eine funkelnde und irisierende Wolke in meinem Zimmer schwebte. Mein Empfinden war eine Mischung aus Verwunderung und Demut.

Ich betrachtete das Lichtwesen staunend wie ein Kind. Es gab einen Teil in mir, der es kannte – es fühlte sich so vertraut an. Und dieser Teil in mir begann, mit dem Lichtwesen zu kommunizieren. Ich spürte, wie meine Seele sich dem Licht verbunden fühlte, und saß, gespannt auf alles, was dem Lichterspiel vor mir entspringen würde, da. Immer noch schimmerte, irisierte das Lichtwesen. Es war ein Ineinanderfließen tausender Lichter, die eine Form ergaben. Je mehr ich mich dem Herzen hingab, desto klarer wurde die Information des Wesens für mich und meinen Geist erfahrbar. Die Verbindung des Lichtwesens zu meiner Seele lenkte über mein Herz nun meine Gedankenbilder. Als ich, dankbar für diese Botschaft, lächelte, hat sich das Licht in den ganzen Raum erstreckt und sich mit allem darin verbunden ...

Im Anschluss daran, immer noch in diese Energie des lichtvollen Wunders gehüllt, schrieb ich dieses Gedicht:

Lichtwesen

Ein Engel mit fließendem Lichtgewand
erwies mir heute die Ehre,
als ich in weiten Raumes Leere sein fließend,
funkelnd Antlitz fand.

So wahrhaft schön und klar gesehen,
konnt ich in mir sein Wort verstehen:
»Ich solle meinen Weg weitergehen!«

Immer noch blickend auf dieses Strahlengewand,
das mir in einer Sprache ohne Worte
erzählte über ein wohl bekanntes Innenland,
wurde mir langsam still bewusst,
dass »ER« schon immer mit mir war ...

Doch hab ich's nur geahnt
und nicht wie jetzt bewusst – gewusst.

Glauben heißt nicht wissen,
sondern Wissen durch Glauben erfahren.

Ein göttliches Geschenk ist es,
wenn sich Glauben und Wissen in Bilder paaren.

Zu sehen, wie fließend das Lichtgewand
mit allem im Raum die Verbindung fand,
versank ich in Demut und es fiel mir ein,
dieses muss wohl die Botschaft sein:

»Alles ist mit allem verbunden –
es ist alles da, auch wenn du es
noch nicht gefunden!«

Ein Himmel voller Liebe – Engelbotschaft

Es gibt einen Ort, der mit allen Orten verbunden ist – und doch fern aller Orte existiert. Er ist in dir und um dich, er erfüllt dich, so wie er jedes Wesen erfüllt und alles, was ihr auf Erden als Leere bezeichnen würdet. Und doch kann man diesen Ort nicht sehen – nicht mit dem bloßen Auge. Man kann ihn dennoch überall finden. Und der, der ihn findet, wird ihn nicht mehr verlassen wollen. Und selbst wenn er ewig in ihm verweilte, was die Erfüllung wäre, kann er zur selben Zeit auch jeden Ort der Welt besuchen. Aber nur wer mit dem Herzen sucht, wird wahrhaft fündig werden. In dem Moment, in dem die Seele diesen Ort betritt, wird der Körper, dem die Seele innewohnt, einen Klang erfahren, der tief auf der Zellebene die Information zum Heil erweckt.

Von dem Moment an, an dem der Mensch sich entscheidet, diesen Ort zu betreten, wirkt in ihm auf alle Zeit das Licht des Himmels, das Licht voller Liebe. Von da an gibt es kein Unmöglich mehr und keine Begrenzung. Nur wer noch allein aus der Materie sein Wissen schöpft, wird sich dadurch selbst begrenzen. Doch der, der hinter den Vorhang sieht und seine

Hoffnung auf den Himmel setzt, öffnet den Weg für unbegrenzte Möglichkeiten.

Wer durch seine hoffende Herzensabsicht auf die himmlischen Sphären vertraut, der wird von diesen lichtvollen Kräften stets gut versorgt.

Nur wisse: Der Weg, den du auf Erden gehst sowie die Begebenheiten des Weges, sind Illusion und nicht vergleichbar mit den Wundern, die sich hinter dem Vorhang verbergen. Und hast du auch die Himmelswelt betreten, so beschreitest du dennoch auf der Erdenwelt deinen Erdenweg. Du wirst dem Himmel stets verbunden sein und auf deinem Weg geführt sein.

Fällt dir ein Stein auf den Fuß und du kannst den Weg, den du gehen wolltest, nicht gehen, dann mag es sein, dass du verärgert bist. Zur gleichen Zeit jedoch – in einer Welt, die jenseits und parallel sowie ohne Zeit ihr Sein hat – hat sich dein Gebet erfüllt, den Weg zu gehen, der sinnvoll und sicher ist! Ohne es auf der Erdenwelt zu erfahren, war der Stein dir zum Segen. Das vertrauende Herz wird dir zuflüstern, dass alles zu deinem Besten ist, dass du geführt und geleitet bist – immer – überall und jederzeit – von nun an bis in alle Ewigkeit.

Ein Himmel voller Liebe lädt dich ein, dieses Wissen zu spüren – tief in dir – dort, wo die Sehnsucht nach Hilfe flüstert. Dort setze an und frage dieses Gefühl, ob es den Sprung – nur einen Herzensruf entfernt – in den Himmel voller Liebe mit dir machen will. Dein Herz hat die Fähigkeit zu fliegen ... Anfangs fühlt es sich vielleicht so an, als würdest du den Boden unter den Füßen verlieren – es ist der Zweifel und der Versuch des Egos, die Kontrolle zu behalten. Doch vergiss nicht: Du bist im Geiste getragen allezeit.

Glaube daran, im Himmel voller Liebe wirst du weich landen und warm gebettet sein. Niemals wird dein Herz frieren, wenn du dich der Sonne dieses Himmels öffnest. Denn diese Sonne scheint in dir und um dich – es ist nur das Bewusstsein, das den Sonnenschein verdeckt, solange es im Schatten steckt. Doch wenn dein Herz und deine Liebe diese Schatten heilen, dann wirst du die Sonne erfahren, dann wirst du erfahren, dass du selbst – in dir – ein Teil davon bist: ein Teil des einen Himmels voller Liebe.

Herzensschönheit

Schönheit lebt im Seelenreich.
Des Menschen Auge macht sie weich.

Des Menschen Herz schenkt sie Glanz –
von Herz zu Herz –
so wie ein Tanz.

Irdische Schönheit mag wohl vergehen –
doch jene, die im Herzen glänzt,
wird ewig im Seelenreich bestehen.

Glänze in der Schönheit deines Herzens!

Worte zum Ausklang

Wenn du in dir zur Ruhe kommst und dich ganz deinem glaubenden und hoffenden Herzen hingibst, dann kannst du die Kraft spüren, die wie ein brodelnder Vulkan aus deinem Innersten fließen will. Nimm dir die Zeit und fühle hin – in dir ist Leben! In dir ist das Leben selbst und die Kräfte des ganzen Universums. Und diese Kräfte wollen nur eins: Sie wollen fließen – sie wollen Ordnung herstellen!

Wir haben die Gelegenheit, uns – unser eigenes wahrhaftes Wesen – hier auf dieser Erde als Individuum zu erfahren – in allen Energiequalitäten, die wir uns selbst erschaffen. Und dieses Erschaffen wird ein ewiges und immer wieder erfahrenes Geheimnis sein. Doch dieses himmlische Mysterium als Mensch ganz zu durchdringen – das ist auch nicht unsere Aufgabe. Wir müssen die Dinge hier auf Erden nicht verstehen, wir sollen vielmehr lernen, unser Herz zu entwickeln und mit dem Herzen zu sehen. Durch die Herzensverbindung zu unserem Schutzengel und der ganzen lichtvollen Himmelswelt können wir in allem das Beste erreichen, wenn wir uns in unserer Absicht für die himmlischen Kräfte öffnen, die uns umschweben und nur darauf warten, dass wir unseren magnetischen Herzensraum für sie öffnen. Dass wir im Vertrauen in die himmlische Schwingung gehen, um uns mit der Kraft zu verbinden, unter deren Führung wir stets geschützt sind. Wir sind aufgefordert, in unserer Mitte zu bleiben und dem Leben ohne Urteil, sondern im Vertrauen auf eine höhere Führung zu begegnen. So gehen wir gerade auch durch dieses Vertrauen, das ich Urvertrauen nenne, an der uns führenden göttlichen Hand unseren Weg. Wenn wir in jedem Augenblick auf diese göttliche Führung vertrauen, dann können wir im Frieden mit dem Moment sein und wir öffnen den himmlischen Kräften unsere Herzen, durch die sie wirken und walten können.

Lass die Freude auf deine Zukunft leuchten – in der Hoffnung und im Vertrauen auf die Wahrheit und Weisheit des Lichtes!

In Liebe, Bernadette Saphira

Meditation zum Buch

Bernadette Saphira Huber hat eine wunderbare Meditation zu diesem Buch aufgenommen, die Sie kostenlos herunterladen und anhören können.

Sie finden die Meditation »Meine Ziele – mein freier Wille« unter folgendem Link:

www.silberschnur.de/huber.html

Ganz viel Freude mit dieser Meditation!

Über die Autorin

Die spirituelle Autorin Bernadette Saphira Huber arbeitet als hellfühliges Medium und schreibt Bücher aus der Verbindung ihres Herzens mit der Engelwelt. In ihrem Heilkraftzentrum *spURvertrauen* vermittelt sie den Menschen die Kraft des Vertrauens durch Coaching und Engelbotschaften und hilft ihnen durch energetische Heilarbeit und ihre Hellfühligkeit, Blockaden aufzuarbeiten und zu lösen, um so stagnierende Situationen wieder in Fluss zu bringen.

www.bernadettes-dichterlichter.de

Bernadette Saphira Huber

So fühlen sich Engel an

Deine Verbindung zur Engelwelt

Bernadette Saphira Huber baut mit diesem Buch eine breite Brücke, über die du gehen kannst, um die Gegenwart der himmlischen Helfer zu erfahren. Sie eröffnet den Zugang zu genau den Engelkräften, die gerade wichtig und richtig sind – ob zur Heilung, als Hilfe in aufwühlenden Lebensphasen oder für persönlichen Schutz.
Ihre einfühlsame und klare Anleitung erlaubt dir, die Welt der Engel zu erleben und eine Verbindung zu ihnen aufzubauen. Sie hilft dir, dich dem Engel zu nähern, den du gerade brauchst, um die unterstützende Kraft des Engels, seine Liebe und seine heilende Präsenz intensiv zu erfahren.

152 Seiten, Illustrationen, durchg. farbig, Flexocover · ISBN 978-3-89845-474-2 · € [D] 14,95

Bernadette Saphira Huber

Mein Engel beschützt mich

Fantasievolle Gebete für Kinder

Ein fantasievolles Gebetbuch für Kinder
Die kleine Luna erzählt, wie sie Hilfe bei ihrem Engel und Gott findet und warum es ihr viel Freude macht zu beten. Kinder erfahren in diesem wunderbaren Gebetbuch, wie viel sie mit einem offenen, vertrauenden Herzen bewirken können und wie beschützt sie von ihrem immer anwesenden Schutzengel sind.
Bernadette Saphira Huber hat einzigartig poetische Gebete für Kinder und wunderschöne Illustrationen entstehen lassen, mit denen jedem Kind Beten Spaß macht!

160 Seiten, durch. farbig, Flexocover · ISBN 978-3-89845-432-2 · € [D] 14,95

Bernadette Saphira Huber

In 7 Tagen zum Urvertrauen

Heilsame Stimmen aus dem Seelenlicht

Tauche ein in das Licht deiner Seele.
Höre und spüre die himmlischen Wegweiser auf dieser wundervollen Heilreise zu dir selbst. Getragen von lichtvollen Klängen erfährst du sieben heilsame Botschaften der Engel des Urvertrauens. Die sensitive Autorin Bernadette Saphira Huber verbindet auf dieser CD Botschaften voller Trost und Liebe mit praktischen Übungen, damit du jeden Tag mehr in das Licht der Seele eintauchst und dein Körper, dein Geist und deine Seele erstrahlen im Segen des Urvertrauens.

40 Seiten, Hardcover-Buch im CD-Format, mit CD · ISBN 978-3-89845-478-0 · € [D] 16,95

Sigrid Mahncke

Lichtengel

Zur Heilung von Körper und Seele

Die Lichtengel bringen Heilung für Körper und Seele und breiten ihre Flügel wie einen schützenden Mantel der Liebe über dir aus. Allein indem du dich in die Energien der visionären und sanften Engelbilder vertiefst, wirst du fast augenblicklich zur Ruhe kommen – und in der Lage sein, dich auf den wesentlichen Kern deines Lebens zu besinnen ...

49 Herzkarten in Box · ISBN 978-3-89845-208-3 · € [D] 13,90

Ingrid Theresia Bleier

Elohim – Die Schöpferengel

Praktische Lichtarbeit

Die Elohim, die göttlichen Schöpferkräfte, helfen uns, unsere uns innewohnenden schöpferischen Kräfte zu aktivieren.
Wie wir unter der Führung der liebenden Engelkräfte unseren eigenen Kern zum Leuchten bringen, zeigt uns Ingrid Theresia Bleier. Ihre alltagstaugliche Anleitung zur praktischen Lichtarbeit bereitet uns den Weg zur göttlichen Ebene.
Die Elohim stehen an unserer Seite. Wir können uns mit ihnen verbinden, um an der Neugestaltung der vielfältigsten Lebensbereiche mitzuwirken.

168 Seiten, broschiert · ISBN 978-3-89845-486-5 · € [D] 14,95

Silke Gramer-Rottler

Was uns alle trägt

Die Kraft des Urvertrauens in einer reizüberfluteten Welt

Der Weg zur Leichtigkeit des Seins!
Wir leben in einer schnelllebigen Welt, in der Hektik, Ignoranz und Ängste unseren Alltag bestimmen. Silke Gramer-Rottler zeigt uns, wie wir zurückfinden können zur berühmten Leichtigkeit des Seins. Sie erklärt uns, wie wir in unserem Leben wieder Raum schaffen können für die wesentlichen Dinge und wie dadurch die ganzen Unsicherheiten des Alltags verschwinden.
Dieses inspirierende Buch fordert uns alle auf, innezuhalten in unserer schnelllebigen, reizüberfluteten Welt und uns auf den Weg zu machen, unseren Ängsten zu begegnen, um zu erfahren, dass das Leben uns trägt.

120 Seiten, 2-fbg., broschiert · ISBN 978-3-89845-452-0 · € [D] 12,95